LA

FOLIE DE SAINT-JAMES

A NEUILLY

PAR

L'ABBÉ BOUILLET

MEMBRE DE LA SOCIÉTÉ FRANÇAISE D'ARCHÉOLOGIE

PARIS

TYPOGRAPHIE DE E. PLON, NOURRIT ET Cie

RUE GARANCIÈRE, 8

1894

LA
FOLIE DE SAINT-JAMES
A NEUILLY

PAR

L'ABBÉ BOUILLET

MEMBRE DE LA SOCIÉTÉ FRANÇAISE D'ARCHÉOLOGIE

PARIS

TYPOGRAPHIE DE E. PLON, NOURRIT ET Cie

RUE GARANCIÈRE, 8

—

1894

Ce mémoire a été lu à la réunion des Sociétés des Beaux-Arts des départements, tenue dans l'hémicycle de l'École des Beaux-Arts, à Paris, le 27 mars 1894.

LA FOLIE DE SAINT-JAMES

A NEUILLY

Lorsque, quittant l'avenue de Neuilly [1] pour se rendre au bois de Boulogne, on s'engage dans l'avenue de Madrid, on ne tarde pas à longer, à droite, une grille derrière laquelle de beaux arbres et de vertes pelouses trahissent la présence d'une belle propriété. La grille, assez longue, se termine à la porte qui donne accès dans une grande cour sablée au fond de laquelle se montre une maison de modeste importance, mais dont l'aspect peu banal commande l'attention. C'est le château de Saint-James, connu d'abord sous le nom de Folie de Saint-James.

En 1777, le comte d'Artois faisait construire non loin de là par son premier architecte, François Belanger, la fameuse Folie d'Artois, sur l'emplacement de la maison d'Ange de Charolais, à qui elle devait son nom de Bagatelle qu'elle a conservé. En soixante-quatre jours, avec huit cents ouvriers, Belanger livra le château terminé et prêt à être habité : ce tour de force coûta, paraît-il, 1,200,000 livres.

Le financier Baudard, originaire de Saint-James, en basse Normandie [2], ne voulut pas moins bien faire que le prince son voisin. Il fit venir le même architecte et lui donna ordre de bâtir la Folie Saint-James. C'était en 1777 ou 1778.

Le terrain où allait s'élever le nouveau château, Baudard l'avait acheté, le 1er juillet 1772, moyennant quarante mille livres, de Marie-Camille Fillion de Villemur, ancien receveur général des finances, qui lui-même l'avait reçu en héritage de sa mère Louise-Françoise Ménage, veuve de Nicolas-François Fillion de Villemur,

[1] Route nationale n° 13, de Paris à Cherbourg.

[2] Aujourd'hui chef-lieu de canton du département de la Manche, arrondissement d'Avranches.

Conseiller d'État et garde du Trésor royal. Ce dernier l'avait acquis, le 22 juin 1750, de Louis-Valentin de Vougny, conseiller de la Grand'Chambre du Parlement et chanoine de l'Église de Paris.

La maison qui existait alors sur le terrain dont Baudard venait de se rendre acquéreur, et qui subsiste encore dans les communs et dépendances du château de Saint-James, avait été habitée, quelques années auparavant, par un fermier général du nom de Lenormant de Tournehem, oncle de la trop fameuse marquise de Pompadour, dont la puissante protection lui avait procuré la direction de la Compagnie des Indes.

Cette même propriété avait, paraît-il [1], servi de retraite au cardinal de Retz, désignée alors sous le nom de domaine de la Chambre. C'est ainsi qu'on la trouve mentionnée sur le plan de Paris de Roussel, publié en 1730.

Baudard de Saint-James — c'est ainsi que se fit appeler désormais le riche financier, — fit complètement transformer le domaine dont il était devenu possesseur, et Belanger eut la liberté de faire ce qu'il voudrait, « pourvu que ce fût cher ».

Ancien trésorier général de la marine, qu'il administrait en corsaire, se faisant, paraît-il, 500,000 livres au moins sur les 14 millions qu'elle coûtait par mois à l'État, Baudard avait trouvé moyen déjà de dépasser le luxe insolent de ses pareils de la finance. Son hôtel de la place Vendôme — c'est aujourd'hui l'*hôtel du Rhin* — était renommé pour sa magnificence. « Son salon seul, lisait-on dans la *Correspondance secrète* [2], coûte 100,000 écus; le reste à l'avenant; et le boudoir de madame sa femme, peint sur place, coûte plus à lui seul que la salle à manger, qu'on évalue à 5,000 louis. »

*
* *

Le terrain acquis par Baudard était limité, du côté du sud, par le mur du bois de Boulogne, dont l'emplacement est aujourd'hui marqué par la rue du même nom; au nord, par l'avenue de Neuilly, que Perronet venait de tracer dans le prolongement de

[1] Ed. Fournier, *Chroniques et légendes des rues de Paris*, p. 222.
[2] Tome VIII, p. 219.

l'avenue des Champs-Élysées et à l'extrémité de laquelle il construisait alors un pont sur la Seine[1].

Des deux autres côtés, l'un était limité par le chemin qui conduisait de Neuilly au château de Madrid, et qui a pris depuis le nom d'Avenue de Madrid ; l'autre était la rive même de la Seine. Tel était l'espace que Belanger avait mission de transformer et d'embellir sans épargner aucune dépense.

A l'angle sud-est se trouvait la maison dont nous avons déjà parlé, et qu'il conserva pour en faire les dépendances de la nouvelle habitation qu'il s'agissait de construire.

Dans son *Recueil d'architecture civile des environs de Paris*[2], publié en 1812, l'architecte J.-C. Krafft nous a conservé, dans une suite de planches d'une exécution soignée, les plans, coupes et élévations de cette demeure. Sa forme est rectangulaire, présentant ses deux grandes façades, l'une sur la cour, l'autre sur le jardin. Chacune offre un étage élevé au-dessus d'un rez-de-chaussée. Au milieu est simulé un avant-corps limité par des chaînes de pierre en bossage semblables à celles qui d'ailleurs terminent les extrémités de la façade elle-même. L'avant-corps est surmonté d'un fronton orné des initiales de Baudard (de Saint-James) entourées d'une couronne de palmes et lauriers; cinq fenêtres, dont une appartient à l'avant-corps, éclairent chaque étage. Une corniche richement ornée supporte le toit, et un cordon de palmettes marque la séparation des étages. On remarque, entre les fenêtres, sur le nu du mur, quatre médaillons sculptés à chacune des façades. Ils semblent représenter des sujets mythologiques.

Devant le milieu du rez-de-chaussée s'élève de chaque côté un portique. Celui de la cour est formé d'un entablement supporté par quatre colonnes d'ordre ionique. La terrasse qui s'élève sous ce portique se continue dans toute la longueur de l'édifice, et porte en avant une balustrade ornée de vases.

Le portique du jardin, auquel on accède directement par deux

[1] Un demi-siècle plus tôt, Fleuriau d'Armenonville, qui habita pendant vingt ans (1708-1728) le château de Madrid, avait conçu et poursuivi le projet de cette voie de communication, mais n'avait pu l'exécuter.

On sait que la partie de cette avenue qui va de la place de l'Étoile jusqu'à la porte Maillot, reliant ainsi l'avenue des Champs-Élysées à l'avenue de Neuilly, se nomme aujourd'hui avenue de la Grande-Armée.

[2] Paris, Crapelet, 1 vol. in-fol.

escaliers latéraux, se compose de trois arcades en plein cintre, soutenues par quatre colonnettes, et supportant un toit à trois pentes. Toutes les parties en sont couvertes d'ornements disparates où l'on sent la préoccupation de donner à l'ensemble un air pseudo-égyptien : les fûts des colonnettes cherchent à imiter des troncs de palmiers; les chapiteaux sont plus ou moins corinthiens; des corbeilles de fleurs ornent la clef des arcs; dans les écoinçons, des femmes engainées et ailées tiennent des guirlandes; la corniche a ses moulures couvertes d'ornements variés.

Quant aux façades extrêmes, elles offrent peu d'intérêt, et leur disposition ne fait que continuer celle des façades principales. Quatre fenêtres y sont percées à chaque étage.

La distribution intérieure, dit J. Krafft, « est très complète, et fournit amplement aux appartements de représentation, aux logements commodes de plusieurs maîtres, à ceux d'un nombreux domestique, et à toutes les autres pièces de service ».

Dès qu'on a franchi le portique qui s'élève au fond de la cour, on se trouve dans un vestibule sur lequel s'ouvrent, à droite la salle à manger, à gauche la cage de l'escalier qui conduit au premier étage, au fond une antichambre dont la porte vitrée, en face de l'entrée, est abritée par le portique du jardin. Cette antichambre donne accès, à droite dans un grand salon, à gauche dans une chambre à coucher accompagnée de son cabinet de toilette et d'un boudoir.

Aujourd'hui encore les parties que je viens de décrire existent, dans leur dispostion générale au moins, telles que les font connaître les plans de Krafft. La modification la plus importante a été le déplacement des deux portes qui conduisaient de l'antichambre au grand salon et à la chambre à coucher. A part cela, le vestibule a encore ses peintures en trompe-l'œil, représentant des niches qui abritent, peints en camaïeu, des statues et des vases. La salle à manger n'a conservé que l'ornementation de ses portes. Au fond, sous une niche, se voit une longue statue d'Hébé de style Empire.

L'antichambre, transformée en salle de billard; la chambre à coucher, devenue un petit salon par la suppression du boudoir et du cabinet de toilette; le grand salon n'ont pas conservé la décoration qui avait été exécutée sous les ordres et sur les dessins de Belanger. Les transformations que je viens de signaler, ainsi que l'ornementation actuelle, sont très vraisemblablement l'œuvre de Pierre-Théodose Bienaimé, architecte [1], élève de Durand et de Thibaut. Ces travaux furent faits dans les deux ou trois premières années de notre siècle, alors que Saint-James était loué à Hainguerlot, banquier de Jérôme Bonaparte. Hainguerlot avait sa maison de banque dans la chaussée d'Antin — alors rue du Mont-Blanc; — à Neuilly, étaient « reçus tous les artistes et hommes de lettres, pour lesquels Mme Hainguerlot avait beaucoup de considération [2] ». Nous savons par une notice consacrée à l'architecte Bienaimé qu'il fut chargé par le banquier de diriger les travaux de Saint-James [3].

On sortait alors de cette époque qui poussa plus loin qu'aucune autre la délicatesse dans l'ornementation et la finesse dans l'exécution; époque dont Diderot pouvait écrire que « les œuvres sont autant de madrigaux mis en reliefs ou en couleurs » ; époque de transition entre l'art admirable d'élégance et de souplesse spirituelle nommé le style rocaille, et l'art quelque peu sec, rigide et froid qu'on a trop dédaigneusement qualifié de « poncif » et « pompier » de l'Empire, dont Louis David a été le précurseur et qui a eu pour législateurs Percier et Fontaine. Sous prétexte de « retour à l'antiquité », emportés par une admiration sans bornes pour les monuments grecs et romains, compliquée d'un profond dédain pour l'art du moyen âge et d'une estime médiocre pour la Renaissance, les artistes d'alors mettaient une prodigieuse habileté de main au service des ressources que leur fournissaient leurs réminiscences de Rome et de la Grèce antiques. C'était, non plus le style Louis XVI, mais une sorte de compromis entre ce style et celui de l'Empire. De là, en particulier à Saint-James, ces corniches à denticules et à consoles ornées de feuillages, ces sphinx, ces chimères et ces griffons affrontés au tympan des portes, ces rangées de palmettes, de spires et de méandres qui cernent les panneaux :

[1] 1765-1826. Il n'est pas sans intérêt de noter que Bienaimé fut l'architecte de la salle Favart, qui, plus connue sous le nom d'Opéra-Comique, périt dans le terrible incendie du 25 juin 1887.

[2] *Paris et ses curiosités, avec une notice historique et descriptive des environs de Paris.* An XII (1804), p. 180.

[3] Notice par Miraut. (*Annales de la Société libre des Beaux-Arts,* 1833, t. III, p. 80-88.)

Nous tenons de l'obligeance de M. Paul Marmottan les renseignements relatifs à cette période; c'est dire que notre gratitude lui est due et acquise.

le tout d'une facture irréprochable et d'un dessin sans hésitations comme sans défauts.

A l'extérieur, les initiales indiquées au milieu des tympans ont disparu, ou n'ont jamais existé. Le fronton de la cour n'a plus que sa couronne de palmes et de lauriers; l'autre offre une tête de Méduse dans un médaillon accosté de deux lions accroupis et adossés. On ne retrouve pas non plus les quatre médaillons figurés sur le dessin de la façade postérieure; ceux de la cour subsistent encore. Ils sont, selon l'expression des auteurs du temps, « en forme de camées », et représentent des scènes de la vie rustique et mythologique.

*
* *

La propriété de Saint-James, alors que Baudard en était possesseur, avait une contenance de 65 arpents[1]. Elle était coupée en deux parties inégales par un chemin public, sensiblement parallèle au cours de la Seine, et conduisant de Neuilly à Bagatelle[2]. Dans la partie nord de la portion comprise entre ce chemin et l'avenue de Madrid, furent établis un grand jardin potager, des basses-cours, des écuries, des remises, une volière, un théâtre[3] et des serres considérables. Le Cabinet des Estampes de la Bibliothèque nationale possède, dans la collection des documents relatifs à la Topographie de la France, une suite de planches relatives à Saint-James[4]. Parmi ces planches, plusieurs, et des plus importantes, se rattachent à ces serres. Ces dernières étaient au nombre de trois, disposées perpendiculairement entre elles de manière à figurer un T dont un pavillon carré, contenant un cabinet d'histoire naturelle, formait le milieu. Ce pavillon, qui existe encore, sert aujourd'hui de chapelle. Quant aux serres, il n'en reste rien; il faut se reporter aux planches que je viens de signaler, pour se rendre compte du soin avec lequel elles avaient été construites et aménagées, et de

[1] Environ 23 hectares, s'il s'agit d'arpents de Paris.

[2] C'est aujourd'hui la rue de Longchamps.

[3] Toutes ces dépendances, vendues depuis, ne font plus aujourd'hui partie de la propriété.

[4] *Topographie de la France. Seine : l'arrondissement de Saint-Denis.* — 3. (Saint-James, Madrid.) Dans ce recueil, trente-huit planches sont relatives à Saint-James.

l'habileté avec laquelle les appareils de chauffage y avaient été installés.

Du côté opposé de la propriété, on avait creusé en ligne droite un canal de 140 toises de longueur[1], qui partait de l'angle sud-ouest des anciens bâtiments, pour se terminer au chemin de Bagatelle. Tout le terrain compris entre ce canal et les serres avait été « distribué en prairies, bois, vergers, plantes étrangères, berceaux, plates-bandes et corbeilles de fleurs, bosquets, tapis de gazon... Toute l'étendue de ce terrain, ajoute Krafft, est aussi coupée dans tous les sens par une multitude de chemins et de sentiers sinueux, qui tantôt se croisent ou se traversent l'un au-dessus de l'autre, et tantôt se circonscrivent ou se succèdent. »

A proximité du milieu du canal, que bordaient deux larges allées plantées d'arbres, Baudard avait fait élever une énorme construction, qui existe encore dans un état suffisant de conservation. Voici la description qu'en donnait l'auteur que nous venons déjà de citer :

« La masse totale du rocher a 22 toises de longueur sur 9 à 10 toises d'épaisseur, et 6 toises environ d'élévation[2]. Il renferme une salle de bains, deux galeries, un grand porche, et deux grandes rampes d'escalier.

« Ce rocher a deux faces intéressantes. Celle dont le pied est baigné dans l'eau du lac présente un grand berceau de voûte, construit en grosses pierres de roches, et deux terrasses en avant-corps, où arrivent les deux rampes d'escalier. Au milieu de chaque terrasse est une vasque, d'où s'élève un jet d'eau qui retombe en nappe dans un bassin.

« Ces deux avant-corps donnent entrée aux deux galeries souterraines. Ils sont élevés en talus décorés de corps de refend, et couronnés d'une corniche.

« Sous le renfoncement de la voûte est un porche à six colonnes avec entablement et fronton d'une ordonnance dorique grecque. Le mur de derrière est percé d'une ouverture au milieu, cintrée en cul-de-four, d'où sort une nappe d'eau considérable qui se répand dans le lac. Deux autres chutes sortent aussi de ce mur par deux

[1] 272 mètres.
[2] Long. : 43 mètres. — Épaiss. : 18 mètres environ. — Haut. : 12 mètres.

canonnières, et tombent dans le même lac avec tant d'abondance, qu'il fournit à lui seul toutes les eaux du jardin.

« L'autre face du même rocher présente un grand mur construit en cailloutage, avec tête et bordure en pierre de taille. Au milieu est la porte d'entrée de la salle de bains, dans un renfoncement de niche, cintré aussi en cul-de-four. Au-dessus de ce mur paraît un réservoir construit sur le rocher, et entouré d'un grand balcon [1]. »

Baudard sut ce que lui coûtait cet amoncellement de pierres ; il dépensa seize cent mille livres, tant à en faire venir les matériaux [2] de la forêt de Fontainebleau qu'à les mettre en œuvre. On raconte que le roi Louis XVI, instruit de cette prodigalité, ne manquait plus, lorsqu'il rencontrait le financier, de le nommer plaisamment « l'homme au rocher [3] ».

De son côté, le comte d'Artois, moins prodigue que le financier, se prenait à dire : « Je voudrais bien faire passer chez moi un petit bras du ruisseau d'or qui sort du rocher de mon voisin [4]. »

Une pompe à feu, installée dans un pavillon construit au bord de la Seine, y puisait l'eau qu'elle faisait monter, d'une part dans le canal, où elle se déversait en cascades par un rocher construit derrière les communs, et de l'autre à la partie supérieure du grand rocher, d'où elle retombait dans le lac creusé à sa base. De là, elle alimentait un ruisseau qui serpentait à travers tout le jardin, où il traçait de nombreuses sinuosités.

Écoutons encore Krafft.

« Dix à douze ponts, de forme, de construction et de genre différens, sont établis sur ces petites rivières pour les traverser.

« Ponts de pierres, ou de roches, ou de briques, ou de bois; ponts à bascule; ponts chinois, à l'anglaise, à la turque : on y a épuisé toutes les formes et tous les genres de décorations. Au milieu de l'eau, sur un tapis de verdure émaillé de fleurs, au bord d'une île enchantée, au sommet d'un tertre, dans le fond d'un bosquet, on rencontre partout un temple à Jupiter ou à l'Amour, un pavillon à

[1] Cette disposition semble copiée sur celle d'un tombeau taillé dans le roc à Myra, en Asie Mineure. (V. Duruy, *Histoire des Romains*, t. III, p. 597.)

[2] Ce sont des grès de Fontainebleau; ils ont été apportés à Neuilly sur des chariots.

[3] J.-Ch. Krafft, *op. cit.*, p. 20.

[4] *Mémoires de la baronne d'Oberkirck*, t. II, p. 396.

SATYRE

(Statue plâtre)

PAR PAJOU

Diane ou à Vénus, une statue, une colonne ou un vase antique. Ici c'est une glacière surmontée d'un kiosque; là, des portiques de treillage; plus loin, des volières; et, dans beaucoup d'endroits, des jeux de bagues, des balançoires, des danses de corde, et d'autres passe-temps dont les noms mêmes nous sont inconnus. »

Que reste-t-il aujourd'hui de toutes ces merveilles? Nous avons dit déjà que le grand rocher existe encore. Il a conservé sa salle de bains, avec une partie des caissons de sa voûte; ses galeries souterraines et ses gradins; son péristyle de temple grec avec l'aigle qui orne son fronton[1]; ses ouvertures par où l'eau jaillissait pour alimenter le lac et le ruisseau. Le grand canal existe aussi, mais vide et montrant lamentablement son revêtement de ciment crevassé. Les eaux ont disparu de l'un et de l'autre, sans doute lorsque la partie de la propriété qui se trouvait entre le chemin de Bagatelle et la Seine eut été vendue, et avec elle la pompe à feu. Disparus aussi les passages voûtés creusés sous le chemin pour les allées et le ruisseau ; disparus les vallonnements qui continuaient au delà les dispositions du parc : c'est aujourd'hui un quartier de Neuilly, et c'est là que dans un pavillon de modeste apparence s'éteignit, le 23 octobre 1872, Théophile Gautier : une plaque toute neuve en fait foi[2]. Disparus encore, les volières, les balançoires, les jeux de bagues et d'oiseaux, les vases antiques, les pavillons chinois et turc. La bande noire a passé par là.

Malgré tous ces ravages, il est cependant aisé de reconnaître, dans ce qui reste de la Folie de Saint-James, les dispositions indiquées sur les plans de Krafft et du Cabinet des Estampes. Si le lac se confond avec une pelouse, le ruisseau se retrouve sous forme d'allée sinueuse. Les massifs d'arbres et d'arbustes ont empiété sur les pelouses, mais sans détruire les sentiers.

De tous les ponts, un seul subsiste encore intact, un pont de pierre d'une intéressante et savante structure. On voit encore, sous la

[1] Nous pensons, mais sans en avoir de preuves autres que des vraisemblances, que ce motif d'ornementation serait l'œuvre de l'architecte Bienaimé.

[2] On y lit :

LE POÈTE
THÉOPHILE GAUTIER
NÉ A TARBES LE 31 AOUT 1811
EST MORT DANS CETTE MAISON
LE 23 OCTOBRE 1872

végétation qui les envahit, les deux culées à gradins d'un de ceux qui traversaient le canal; son tablier, construit en charpente, a depuis longtemps disparu.

On remarque, sur les différents plans que nous possédons, l'indication de plusieurs « treillages ornés de figures ». Un de ces treillages a survécu, à droite de la chapelle. Il abrite encore, entre un *Satyre*[1] jouant de la flûte et un *Faune*[2], signés l'un et l'autre par Pajou en 1758, mais fort mutilés aujourd'hui, un groupe de J.-B. Lemoine, daté de 1760. Cette œuvre du sculpteur favori de Louis XV représente une jeune femme surprise par un jeune homme qu'elle cherche à écarter de la main, tandis qu'il se démasque pour se faire reconnaître d'elle. Un petit Amour à l'air espiègle met son doigt devant sa bouche comme pour demander le silence. Il paraît bien que les figures des deux personnages principaux soient des portraits plutôt que des physionomies de convention. Quels qu'ils soient, le groupe est charmant, et mériterait d'être connu et reproduit. Il ferait bonne contenance parmi les œuvres de sculpture de la seconde moitié du dix-huitième siècle[3].

Plus remarquable encore est un autre groupe, placé non loin du grand rocher, et abrité par un pavillon. Ici est figurée Vénus traînée par des colombes et entourée par les Amours. La déesse est gracieusement assise sur une coquille portée sur les flots au milieu desquels se jouent les petites divinités qui la conduisent. Nous ne savons qui a modelé ce beau groupe[4]. M. Tarbé, l'érudit biographe de Pigalle[5], n'était, paraît-il, pas éloigné d'y reconnaître le ciseau qui avait sculpté le tombeau du maréchal de Saxe. A défaut d'indication précise, nous ne saurions rien affirmer. Disons seulement que l'œuvre est heureusement conçue et finement exécutée. De quelque côté qu'on la contemple, l'œil est satisfait, et se plaît à admirer l'habileté du groupement, la souplesse des mouvements et la grâce des attitudes. Il est à regretter que ce chef-d'œuvre, — car c'en est un, — soit, ainsi que les autres morceaux de sculpture que nous venons de signaler, exécuté en plâtre. Les abris qui

[1] Voir, ci-dessus, planche I.
[2] Voir, ci-contre, planche II.
[3] Voir, ci-après, planche III.
[4] Voir, ci-après, planche IV.
[5] *Pigalle, sculpteur; sa vie et ses œuvres*. Paris, 1859.

FAUNE
(Statue plâtre
PAR PAJOU

semblent les protéger sont insuffisants à les garantir des intempéries des saisons et des morsures du temps, et l'on peut prévoir que dans peu d'années il n'en subsistera que le souvenir.

*
* *

Baudard ne jouit que peu d'années des coûteux embellissements qu'il avait fait subir à la Folie de Saint-James. Il avait administré son immense fortune de telle façon qu'il fit un beau jour une faillite de 25 millions. « Quoiqu'il fît dire partout que son actif dépassait de 5 millions son passif, on vendit tout chez lui (mars 1787), et on le mit à la Bastille [1]. » Il survécut à sa ruine, et aussi à la Bastille, d'où il ne sortit que pour se mêler d'intrigues et d'affaires, pour se lier d'amitié avec Talleyrand.

Le 12 juin 1787, Regnaud César-Louis, duc de Choiseul-Praslin, devenait acquéreur du domaine de Baudard. C'est là que, huit ans plus tard, on le trouva mort, baignant dans son sang. « Peut-être, disent les historiens de Neuilly, cette mort fut-elle la suite d'une violente hémorragie ; toujours est-il qu'elle exerça une impression douloureuse dans la commune [2]. » Peu après, Mme de Praslin, agissant en son nom et en celui de ses enfants, vendait Saint-James, le 24 brumaire an IV — 15 novembre 1795, — à un M. Bobierre, moyennant la somme fantastique de 11 millions ; hâtons-nous de dire qu'elle devait être payée en assignats. M. Bobierre, à son tour, céda, le 11 messidor an X — 30 juin 1802, — la propriété à un négociant, M. Charles Bazin. Ce dernier, dont la fortune n'était peut-être pas en proportion avec les charges d'une telle résidence, en fit un objet de spéculation.

C'est ainsi qu'en 1808, après qu'elle eût été habitée comme nous l'avons dit par le banquier Hainguerlot, il la loua à la duchesse d'Abrantès, femme du général Junot, alors gouverneur de Paris, mais retenu au delà des Pyrénées par les événements de la désastreuse guerre de Portugal. Mme la *Gouverneuse* — le mot est de Napoléon — a dit dans ses curieux et piquants *Mémoires* quel agréable souvenir elle avait conservé de son séjour dans cette demeure :

[1] Ed. Fournier, *op. cit.*, p. 225.

[2] L'abbé Bellanger, *Histoire de Neuilly, près Paris (Seine), et de ses châteaux*, 1855, p. 163.

« D'après ce que Junot m'avait écrit, je me mis en quête d'une maison de campagne. J'en trouvai une charmante, à Neuilly. C'était ce qu'on appelait la Folie de Saint-James; cette ravissante maison était toute meublée. Comme elle a été ravagée par la bande noire, au point d'être méconnaissable, je ne passe jamais devant sans éprouver un sentiment de tristesse amère; il me semble voir un ami souffrant qui a eu de meilleurs jours... Oh! qu'elle est puissante la magie des lieux rappelant un souvenir chéri!... qu'il est profond celui que j'attache à ces belles rives de la Seine, à ces ombrages fleuris du parc de Saint-James! Et cette serre... ces plantes embaumées donnant un parfum des contrées lointaines, nous révélant un monde inconnu!... Oh! tout cela était bien beau!... Tout cela avait un charme bien doux!

« La maison n'était qu'un grand pavillon... mais il contenait ce qui m'était nécessaire à cette distance de Paris. Un très beau salon et une grande salle à manger avec un premier salon servant de salon de musique. De l'autre côté du salon était une charmante chambre à coucher, un petit salon de travail, une salle de bains et mon cabinet de toilette. Cet appartement donnait sur un jardin de fleurs, uniquement à moi seule, et fermé, du côté du jardin, par un treillage à la manière suisse, et de l'autre, par un canal bordé d'une allée de tilleuls, conduisant de la porte de mon cabinet de travail jusqu'à une grotte qui donnait sur la rivière, un peu au-dessous du laminoire (?) qui était au bas du pont. La serre chaude, l'une des plus belles des environs de Paris, après celle de la Malmaison, avait, à cette époque, trois cents pieds d'ananas, ce qui en assurait cent par année à la maison, et renfermait une immense quantité de plantes exotiques et indigènes de la première beauté. Le perron du pavillon était formé par deux escaliers de douze marches, sur lesquelles les jardiniers avaient soin de placer des vases étrusques, remplis des plus belles fleurs, élèves de la serre. Je me rappelle qu'un jour, on mit sur le perron plus de quarante magnolias, daturas ou orangers *Pompoleum* [1]; le même jour, mon jardin de fleurs, dans lequel on n'entrait que par mon appartement, était rempli de plus de deux mille pieds d'héliotropes, d'œillets, de jasmin, de roses des quatre saisons, de roses mous-

[1] « C'est un oranger dont la fleur est énorme et d'un parfum admirable. »

LA SURPRISE

Groupe plâtre

PAR J.-B. LEMOINE

seuses, et tout cela, planté en corbeille et entouré d'une épaisse bordure de réséda..... Ah! c'était un lieu de délices, qui donnait bien la preuve que les jardins d'Armide ont pu exister..... Tout ce qui formait ombrage était acacia, ébénier, lilas ou catalpa; mais toujours arbres à fleurs..... [1] »

La duchesse d'Abrantès, obligée par sa position à faire de grands frais de représentation, donna à Neuilly des fêtes qui y attirèrent tout ce qu'il y avait de plus brillant dans la société parisienne. Elle avait trouvé dans l'orangerie une salle de spectacle « avec les décorations. En revoyant, dit-elle, des coulisses, un théâtre, notre goût de comédie nous reprit, et nous nous écriâmes aussitôt qu'il fallait jouer au moins *le Collatéral!* Millin, qui était un de mes fidèles habitués, appuya la motion de toutes ses forces et, en vérité, je ne sais pourquoi, car il jouait comme une vraie pantoufle [2]. » Après réflexion, on décida de jouer « la jolie petite pièce de *Défiance et malice*, et *les Rivaux d'eux-mêmes* ». La troupe comprenait, outre Millin, qui n'a, paraît-il, jamais su dire les vingt paroles dont se composait son rôle: Mme Laplanche-Mortières, qui « avait de grands yeux bleus et une figure qui pouvait être bien » ; M. de Planard, « auteur de plusieurs pièces charmantes » ; la duchesse d'Abrantès, qui remplissait un rôle de soubrette. Michaud, *le pourichinel du Théâtre de la République* — c'était pendant la Révolution le nom de la Comédie-Française — fut le répétiteur. Il faillit perdre sa science à faire prononcer à Mme Mortières cette simple parole : Bonjour, mon cher Dupont! Néanmoins la « représentation fut charmante. Elle avait attiré beaucoup de monde, bien que nous fussions dans la *morte saison*. Après les *Rivaux d'eux-mêmes*, nous revînmes au château, et l'on dansa jusqu'à deux heures du matin [3]. »

« Quelques jours après, dit aussi Mme Junot, il y eut encore chez moi, à Neuilly, une fête dont l'objet avait une solennité touchante. Il s'agissait de couronner une rosière. C'était celle de Suresnes. La princesse de Vaudémont l'avait couronnée et dotée l'année précédente, et, en ma qualité de dame de charité de toute la banlieue, on vint me demander de donner la couronne et la dot,

[1] *Mémoires de Mme la duchesse d'Abrantès,* 1833, t. XII, p. 10.
[2] *Mémoires*, t. XII.
[3] *Mémoires*, t. XII

c'est-à-dire de la doubler, car la fondatrice [1] l'avait déposée en instituant la rosière...

« J'avais invité cent personnes pour voir cette cérémonie dont nous avions perdu le souvenir et qui ne se conservait plus qu'à l'Opéra-Comique. Dès le matin, les salons du château et même la vaste pelouse qui est au devant, étaient remplis par les curieux qui voulaient voir un couronnement de rosière. C'était ma fille aînée, Joséphine, qui était alors une ravissante enfant, aux boucles de cheveux soyeux, aux joues seulement rosées et au regard d'ange, qui devait poser la couronne. On était bien sûr que la prêtresse était digne de faire son office [2]. »

Le cortège, qui comprenait les étrangers de distinction alors de passage à Paris, et bon nombre de Russes parmi eux, se rendit du château à Suresnes, où le conseil délibérait pour choisir parmi trois *candidates*. « Le bruit des fifres, des tambours, annonça enfin que le jury avait prononcé, et l'adjoint du maire sortit en proclamant le nom de la rosière. A peine ce nom fut-il connu qu'une rumeur s'éleva rapidement parmi la foule des paysans. La rosière méritait son bonheur, mais les autres le méritaient aussi, et les frères, les cousins, les pères — et même les amoureux, car elles en peuvent avoir pour *le bon motif* — prirent aussitôt fait et cause, et les coups de poing commencèrent à donner à la fête une couleur un peu antiromantique. Cependant le tumulte s'apaisa à la vue du maire et des autorités du pays qui sortaient de la mairie pour venir à l'église. »

Là eut lieu le couronnement. La duchesse doubla la dot de la

[1] « Mme Desbayssins, autrefois Mlle Mourgue, avait habité quelques mois une grande maison qui se voyait encore sur le sommet de la montagne. Un jour, en descendant rapidement la côte, la portière de sa calèche s'ouvrit. Sa fille, âgée de cinq à six ans, tomba sous la roue et fut tuée sous les yeux de sa mère. Je ne conçois pas un plus affreux malheur.

« Mme Desbayssins fut presque insensée de douleur, et une parole de plus à cet égard serait superflue. La malheureuse mère fut entourée de tant de soins par les habitants de Suresnes que, en apprenant qu'ils regrettaient leur couronnement de la rosière, elle en rétablit la cérémonie et fonda une dot pour chaque rosière. Voilà du moins la version qui me fut contée par les commères du pays, car je n'ai pas l'avantage de connaître Mme Desbayssins personnellement, et quant aux *autorités*, c'est-à-dire le maire et les électeurs, j'aurais, je crois, fait plutôt parler les statues de mon parc. » (*Mémoires de la duchesse d'Abrantès*, t. XII.)

[2] *Mémoires*, t. XII.

VÉNUS ET LES AMOURS

(Groupe plâtre)

ATTRIBUÉ A PIGALLE

rosière, et engagea « le maire de Suresnes à venir dîner le lendemain à Neuilly et amener avec lui son adjoint et sa fille vertueuse. Ils arrivèrent tous trois. Mais qui n'a pas vu la rosière le lendemain de la cérémonie, et lorsque l'espèce de prestige répandu sur elle était tout à fait évanoui, arriver chez moi avec son *déshabillé* de satin blanc, son grand cordon bleu et son immense bonnet rond, sur lequel se balançait la grosse guirlande de roses qu'elle s'était crue obligée de conserver, comme le maire de mettre son uniforme, qui n'a pas vu la vertu de Suresnes arriver ainsi dans mon salon, n'a rien vu de comique, malgré le *solennel* de sa position, si ce n'est pourtant l'explication qu'elle nous donna du retard de son mariage avec son amoureux, parce qu'il avait *eu mal aux reins et que ce mal de reins était ensuite tombé dans le talon.*

« Ce sont les paroles de la rosière [1]. »

La duchesse d'Abrantès ne fut pas longtemps en possession de Saint-James. Elle l'avait déjà quitté lorsque Junot revint de Portugal, vers la fin de cette même année 1808, à la suite de la capitulation de Baylen [2].

Cependant la folie de Saint-James devait encore plus d'une fois changer de propriétaire. Après Charles Bazin, ce furent M. et Mme Cheff, puis M. et Mme Lacan qui la possédèrent de 1819 à 1830, époque où M. Lacan, par suite de la mort de sa femme, en devint seul titulaire. Il la vendit à un banquier du nom de Benazet, qui eut son heure de célébrité. Propriétaire de la roulette jusqu'au moment de sa suppression, en 1830, il la transporta à Bade, où ses affaires prospérèrent tout d'abord. Puis vint la déveine, et les créanciers de Benazet cédèrent après sa mort, en 1851, la propriété de Saint-James au docteur Pinel, qui en était locataire depuis 1845. L'acte de vente qui fut alors signé contient les détails suivants :

« Le parc est dessiné à l'anglaise.

« Il renferme un canal, une grotte, une glacière, un pavillon chinois, un salon de musique, un salon souterrain, une tournelle en fer.

[1] *Mémoires*, t. XII.

[2] La duchesse d'Abrantès, dans une note de ses *Mémoires*, nomme « Mme de Bourbon » comme ayant occupé Saint-James quelque temps après elle. Qui était cette Mme de Bourbon? Nous pensons qu'il s'agit de la princesse douairière d'Orléans, que Napoléon pensionna en 1815.

« Il est orné de statues. Une partie du parc est à usage de potager.

« Il est clos par un mur percé par trois grilles donnant sur les rues du Bois de Boulogne et de Longchamps.

« La contenance totale de la Folie Saint-James est de 54,672 mètres carrés environ. »

Le docteur Pinel, devenu possesseur de Saint-James, y transféra les aliénés qu'il soignait dans son asile de Chaillot, et les installa dans les dépendances du château. Depuis sa mort, l'établissement appartient au sympathique docteur Semelaigne, son gendre, qui le dirige avec une sollicitude éclairée par une science profonde des soins exigés par l'état de ses malheureux pensionnaires.

Mais si nous avons fini avec les propriétaires de la Folie de Saint-James, il nous reste à énumérer quelques-uns de ceux qui l'occupèrent comme locataires après la duchesse d'Abrantès.

Quelques jours après Waterloo, le 4 juillet 1815, le village de Neuilly, vaillamment défendu par une troupe d'invalides courageux, tomba aux mains des régiments écossais. Le vainqueur de Waterloo, Wellington, devenu le chef de l'armée d'occupation en France, établit alors son quartier général au château de Saint-James. Il y reçut les visites mystérieuses de Fouché, devenu comme chef du gouvernement provisoire, le mauvais génie de la France, du vicomte du Bouchage, du baron de Vitrolles. On conservait à l'Hôtel de ville de Paris, avant son incendie par la Commune de 1871, une lettre de Wellington, datée de Saint-James.

La plupart des auteurs qui se sont occupés de Neuilly ont répété que Pauline Borghèse, sœur de Napoléon, aurait habité Saint-James et y aurait donné des fêtes magnifiques. Cela n'est rien moins que prouvé. Ce qui est certain, c'est qu'elle habita le château de Neuilly, situé de l'autre côté de l'avenue, et dont le parc s'étendait jusqu'à la Seine, comme celui de Saint-James. Or une île que traverse le pont de Neuilly, et qui appartenait au château, s'allonge jusqu'à la hauteur du parc de Baudard; à cette extrémité elle porte encore les restes d'une construction en forme de temple. Peut-être y avait-il, à proximité de cet endroit, une passerelle qui permettait de se rendre à Saint-James et en faisait ainsi une dépendance du château occupé par la princesse Borghèse. On sait d'ailleurs que ce dernier lui déplaisait à cause de son humidité, et que Saint-James, au contraire, passait pour un délicieux séjour.

Chateaubriand, lorsqu'il se fut retiré de la vie publique, Hope, Mme Récamier, devenue aprés ses revers de fortune la reine de la société savante et polie, l'opulent baron Schickler habitèrent Saint-James.

Son dernier hôte illustre fut M. Thiers, alors ministre du roi Louis-Philippe; on sait que ce roi faisait sa résidence favorite du château de Neuilly, que l'avenue de ce nom séparait seule de la Folie de Saint-James.

PARIS. — TYP. DE E. PLON, NOURRIT ET Cie, RUE GARANCIÈRE, 8.

PARIS

TYPOGRAPHIE DE E. PLON, NOURRIT ET Cie

Rue Garancière, 8.

www.ingramcontent.com/pod-product-compliance
Lightning Source LLC
LaVergne TN
LVHW052020160826
845678LV00003B/1125

* 9 7 8 2 3 2 9 6 4 3 3 7 3 *